BU [illegible]
[illegible] BARRICADE

and other poems
of Anna Swir

BUILDING THE BARRICADE

and other poems
of Anna Swir

TRANSLATED FROM THE POLISH
BY PIOTR FLORCZYK

FOREWORD BY JERICHO BROWN

CALYPSO EDITIONS

PIOTR FLORCZYK is editor and translator of *Been and Gone: Poems of Julian Kornhauser* (Marick Press, 2009).

CALYPSO EDITIONS

www.CalypsoEditions.org
info@calypsoeditions.org

By unearthing literary gems from previous generations, translating foreign writers into English with integrity, and providing a space for talented new voices, Calypso aims to publish books that will endure in both content and form. Our only criteria is excellence.

Managing Editor: Elizabeth Myhr
Book and Cover Design: Anthony Bonds

ISBN 10: 0-9830999-1-X
ISBN 13: 978-0-9830999-1-8

First edition March 2011

Printed in the United States

Contents

Foreword

Before reading Swir's work, I was one of those American poets who thought of translations as a blemish on the face of the purest of genres. Of course, her fierce use of brevity and obsession with flesh changed this for me. I found myself thirsting for more of her work, which is why I am so excited about these new translations from *Building the Barricade*.

First published in Poland in 1974, 30 years after the Warsaw Uprising, the poetry of *Building the Barricade* was Swir's first attempt at making order out of the destruction she saw during the war. It was also her attempt to write about the ways the war had changed her due to her work as a military nurse and a writer for underground publications affiliated with the Resistance. Like the sensual poems collected in *Talking to My Body*, these poems go a long way in securing her place as one of Poland's foremost feminist poets.

A highlight of Swir's work is her view and understanding of women's bodies, and in *Building the Barricade* the body becomes the location for the subtlest signs of protest and rebellion. In "Conversation Through the Door," for instance, the trouble of bombardment is made clear through the slightest of motions rather than through a scene from the battlefield. Instead of a gun, the woman in this poem uses her voice as a loud and recognizable weapon:

At five in the morning
I knock on his door.
I say through the door:
in the hospital on Śliska Street,
your son, a soldier, is dying.

He opens the door,
doesn't unhook the chain.
Behind him his wife
trembles.

I say: your son asks for his mother
to come.
He says: his mother won't come.
Behind him his wife
trembles.

I say: the doctor let him
have wine.
He says: please wait.

He hands me a bottle through the door,
locks the door,
locks with the second key.

Behind the door
the wife begins to scream
as if she were in labor.

While English-speaking fans of Swir's work may think of this as common fare for her poems, what *Building the Barricade* adds is a perspective of human survival based on women's work. Here, the forgotten work of women in the war is properly recorded and made into art. This makes Swir's careful use of control and silence all the more fascinating; her subtle and even way of handling her subjects is what further proves that the work is absolutely revolutionary:

"Said the Major"

"This order must be delivered within an hour,"
said the major.
"That's not possible, it's an inferno out there,"
said the second lieutenant.
Five messenger girls went out,
one made it.

The order was delivered within an hour.

And if the washing and bandaging that Swir's speaker must do is not enough to illustrate the condition of a life led through an era of desperation, there is the perfection of "I Carried Bedpans":

I worked as an orderly at the hospital
without medicine and water.
I carried bedpans
filled with pus, blood and feces.

I loved pus, blood and feces—
they were alive like life,
and there was less and less
life around.

When the world was dying,
I was only two hands, handing
the wounded a bedpan.

Anna Swir was born in Warsaw in 1909. Piotr Florczyk's meticulous translations of her lines bring to life again the necessary work of a poet that readers of every language in every time must know. It is our duty to honor such well-wrought poetry, or in the words of Swir herself, "Although no one forced us, / we built the barricade . . ."

Jericho Brown
San Diego, CA

BUILDING THE BARRICADE

and other poems
of Anna Swir

BUDUJĄC BARYKADĘ

Baliśmy się budując pod ostrzałem
barykadę.

Knajpiarz, kochanka jubilera, fryzjer,
wszystko tchórze.
Upadła na ziemię służąca
dźwigając kamień z bruku, baliśmy się bardzo,
wszystko tchórze –
dozorca, straganiarka, emeryt.

Upadł na ziemię aptekarz
wlokąc drzwi od ubikacji,
baliśmy się jeszcze bardziej, szmuglerka,
krawcowa, tramwajarz,
wszystko tchórze.

Upadł chłopak z poprawczaka
wlokąc worek z piaskiem,
więc baliśmy się
naprawdę.

Choć nikt nas nie zmuszał,
zbudowaliśmy barykadę
pod ostrzałem.

BUILDING THE BARRICADE

We were afraid building the barricade
under fire.

Barman, jeweler's mistress, barber,
all of us cowards.
The housemaid hit the ground
hauling a cobblestone and we were more afraid,
all of us cowards—
groundskeeper, stallholder, pensioner.

The pharmacist dragging the toilet door
hit the ground,
and we got very scared,
smuggler girl, dressmaker, tram driver,
all of us cowards.

The boy from a reform school fell dragging a sandbag,
and we got scared for real.

Although no one forced us,
we built the barricade
under fire.

ROZMOWA PRZEZ DRZWI

O piątej nad ranem
pukam do jego drzwi.
Mówię przez drzwi:
w szpitalu na Śliskiej
umiera pana syn, żołnierz.

On uchyla drzwi,
nie zdejmuje łańcucha.
Za nim żona
dygoce.

Ja mówię: syn prosi matkę,
żeby przyszła.
On mówi: matka nie przyjdzie.
Za nim żona
dygoce.

Ja mówię: doktor pozwolił
dać mu wina.
On mówi: proszę zaczekać.

Podaje przez drzwi butelkę,
zamyka drzwi na klucz,
zamyka na drugi klucz.

Za drzwiami żona
zaczyna krzyczeć,
jakby rodziła.

CONVERSATION THROUGH THE DOOR

At five in the morning
I knock on his door.
I say through the door:
in the hospital on Śliska Street,
your son, a soldier, is dying.

He opens the door,
doesn't unhook the chain.
Behind him his wife
trembles.

I say: your son asks for his mother
to come.
He says: his mother won't come.
Behind him his wife
trembles.

I say: the doctor let him
have wine.
He says: please wait.

He hands me a bottle through the door,
locks the door,
locks with the second key.

Behind the door
the wife begins to scream
as if she were in labor.

SĄSIADKA POWIEDZIAŁA DO SĄSIADA

Sąsiadka powiedziała do sąsiada:
- Odkąd męża zabiło, nie sypiam,
jak strzelają, ja koc na głowę,
całą noc się trzęsę pod tym kocem.
Ja zwariuję, jak będę dzisiaj sama,
mam po mężu papierosy, proszę pana,
pan zajdzie wieczór.

A WOMAN SAID TO HER NEIGHBOR

A woman said to her neighbor:
"Since my husband's death, I can't sleep,
when they shoot, I put a blanket over my head,
all night I tremble under the blanket.
I'll go crazy if I'm alone tonight,
I have my husband's cigarettes, sir,
do drop in tonight."

STRZELAĆ W OCZY CZŁOWIEKA

pamięci Wieśka Rosińskiego

Miał piętnaście lat,
był najlepszym uczniem z polskiego.
Biegł z pistoletem
na wroga.

Zobaczył oczy człowieka,
powinien był strzelić w te oczy.
Zawahał się.
Leży na bruku.

Nie nauczyli go
na lekcjach polskiego
strzelać w oczy człowieka.

TO SHOOT INTO THE EYES OF A MAN

i.m. Wiesiek Rosiński

He was fifteen,
the best student of Polish.
He ran at the enemy
with a pistol.

Then he saw the eyes of a man,
and should've fired into those eyes.
He hesitated.
He's lying on the pavement.

They didn't teach him
in Polish class
to shoot into the eyes of a man.

KRADNIE FUTRA

Pocisk rozrywa drzwi
sklepu z futrami.

Człowiek wskakuje do środka,
chwyta naręcze futer,
biegnie dźwigając do bramy.

W bramie drugi pocisk
rozrywa człowieka.

HE STEALS FURS

A shell blows up the door
in a fur shop.

A man jumps inside,
grabs an armful of furs,
struggles, runs to the gate.

At the gate another shell
tears apart a man.

UDAŁO MU SIĘ

prof. Władysławowi Tatarkiewiczowi

Stary człowiek
opuszcza dom, niesie książki.
Niemiecki żołnierz wyrywa książki,
rzuca w błoto.

Stary człowiek podnosi,
żołnierz bije go w twarz.
Stary człowiek pada,
żołnierz kopie go i odchodzi.

Stary człowiek
leży w błocie i krwi.
Czuje pod sobą
książki.

HE GOT LUCKY

for Prof. Władysław Tatarkiewicz

An old man
leaves the house, carrying books.
A German soldier grabs the books
and throws them in the mud.

The old man picks up the books,
the soldier hits him in the face.
The old man falls,
the soldier kicks him and walks away.

The old man
lies in mud and blood.
Underneath, he feels
books.

DWIE GARBUSKI

- Ja nie mogę umrzeć, proszę pani,
bo co zrobi beze mnie moja siotra.
Ona ma garb, leży pod oknem.

- Ja nie mogę umrzeć, proszę pani,
bo co zrobi beze mnie moja siotra.
Ona ma garb, leży koło drzwi.

Każda umarła
od rany swojej siostry
śmiercią swojej siostry garbuski.

TWO FEMALE HUNCHBACKS

"I can't die, madam,
my sister won't manage without me.
She's a hunchback, lying by that window."

"I can't die, madam,
my sister won't manage without me.
She's a hunchback, lying by that door."

Each died
from the wounds of her sister,
the death of her hunchback sister.

UMIERA PIĘKNO

pamięci Jana Świerczyńskiego

Płonie muzeum. Jak słoma
pali się piękno
czczone przez pokolenia.
Bezcenne
jak ciało człowieka.

Człowiekowi, który żył na świecie
tylko po to, żeby strzec muzeum,
udało się przybiec na czas.

Jeśli przeżyje, zaświadczy
dla przyszłych pokoleń,
jak pięknie umierało w płomieniach
piękno.

BEAUTY DIES

i.m. Jan Świerczyński

The museum is burning. Like hay
the beauty worshipped by generations of men
is burning.

It's priceless
like the body of a man.

A man, who's lived only to guard the museum,
managed
to show up in time.

If he survives
he'll confirm
for future generations
how beauty was dying like beauty
in flames.

MAJOR POWIEDZIAŁ

pamięci Anny Ratyńskiej

– Rozkaz ma być doręczony w ciągu godziny –
powiedział major.
– To niemożliwe, tam piekło –
powiedział podporucznik.
Poszło pięć łączniczek,
jedna doszła.

Rozkaz był doręczony w ciągu godziny.

SAID THE MAJOR

i.m. Anna Ratyńska

"This order must be delivered within an hour,"
said the major.
"That's not possible, it's an inferno out there,"
said the second lieutenant.
Five messenger girls went out,
one made it.

The order was delivered within an hour.

ROZMAWIAM Z TRUPAMI

Spałam z trupami pod jednym kocem,
przepraszałam trupy,
że jeszcze żyję.

To był nietakt. Przebaczały mi.
To była nieostrożność. Dziwiły się.
Życie
było wtedy tak bardzo przecież niebezpieczne.

TALKING WITH CORPSES

I slept with corpses under one blanket.
I apologized to these corpses
for being alive.

What a gaffe. They forgave me.
What carelessness. They were surprised.
Life
after all was so dangerous back then.

NOSIŁAM BASENY

Byłam posługaczką w szpitalu
bez lekarstw i bez wody.
Nosiłam baseny
z ropą, krwią i kałem.

Kochałam ropę, krew i kał,
były żywe jak życie.
Życia było dokoła
coraz mniej.

Kiedy ginął świat,
byłam tylko dwojgiem rąk, co podają
rannemu basen.

I CARRIED BEDPANS

I worked as an orderly at the hospital
without medicine and water.
I carried bedpans
filled with pus, blood and feces.

I loved pus, blood and feces—
they were alive like life,
and there was less and less
life around.

When the world was dying,
I was only two hands, handing
the wounded a bedpan.

CZTERNASTOLETNIA SANITARIUSZKA MYŚLI ZASYPIAJĄC

Żeby wszystkie kule na świecie
trafiły we mnie,
to by już nie mogły trafić w nikogo.

I żebym umarła tyle razy,
ile jest ludzi na świecie,
żeby oni nie musieli już umierać,
nawet Niemcy.

I żeby ludzie wcale nie wiedzieli,
że ja umarłam za nich,
żeby nie było im smutno.

THOUGHTS
OF A FOURTEEN-YEAR-OLD NURSE

If all the bullets in the world
hit me,
then they couldn't hit anybody else.

And let me die as many times
as there are people in the world,
so that they wouldn't have to die,
even the Germans.

And let nobody know
that I died for them,
so that they wouldn't be sad.

ŻYJE GODZINĘ DŁUŻEJ

pamięci Stanisławy Świerczyńskiej

Dziecko ma dwa miesiące.
Doktor mówi:
umrze bez mleka.

Matka idzie cały dzień piwnicami
na drugi koniec miasta.
Na Czerniakowie
piekarz ma krowę.
Czołga się na brzuchu
wśród gruzów, błota, trupów.

Przynosi trzy łyżki mleka.
Dziecko żyje
godzinę dłużej.

THE CHILD LIVES ONE MORE HOUR

i.m. Stanisława Świerczyńska

The child is two months old.
The doctor says:
without milk, the child will die.

Mother wanders all day through basements
to the other side of town.
In Czerniaków
a baker has a cow.
Mother crawls on her stomach
among rubble, mud, corpses.

She brings back three spoons of milk.
The child lives
one more hour.

BOJĘ SIĘ OGNIA

Dlaczego tak się boję
biegnąc tą ulicą,
która się pali.

Nie ma tu przecież nikogo,
tylko ogień szumi do nieba,
a ten huk to nie bomba,
to tylko runęły trzy piętra.

Tańczą gołe, oswobodzone płomienie,
machają rękami
przez jamy okien,
to grzech podglądać
gołe płomienie,
grzech podsłuchiwać, co mówi
wolny ogień.

Uciekam do tej mowy,
co brzmiała na ziemi
wcześniej niż mowa człowieka.

I'M AFRAID OF FIRE

Why am I so afraid
running down this
burning street.

There's no one here
except flames roaring skyhigh;
and that bang was not a bomb
only three floors collapsing.

Naked they dance, liberated,
waving their hands
from the window caves.
What a sin to spy
on naked flames,
what a sin to eavesdrop
on breathing fire.

I flee this speech,
which sounded
on earth before the speech of man.

ZOSTAŁY SZCZURY

W tym mieście
nie ma już ludzi. Czasami kot
któremu ogień wypalił ślepia
wyczołga się z bramy
żeby zdechnąć.

Albo szczur
przepełznie na drugą stronę ulicy.

Albo wiatr ruszy
kartkę książki na bruku
i zastuka oknem
w którym błyśnie ułamek szyby.

THE RATS REMAIN

In this city
there are no more people. Sometimes a cat
with burnt eyes
crawls out from an alley
to die.

Or a rat
scuttles to the other side of the street.

Or the wind moves
a page in a book on the pavement
and knocks the window
with the glinting shard of glass.

OSTATNIE POLSKIE POWSTANIE

Opłakujemy godzinę,
kiedy się wszystko zaczęło,
kiedy padł pierwszy strzał.

Opłakujemy sześćdziesiąt trzy dni
i sześćdziesiąt trzy noce
walki. I godzinę,
kiedy się wszystko skończyło.

Kiedy na miejsce, gdzie żyło milion ludzi,
przyszła pustka po milionie ludzi.

THE LAST POLISH UPRISING

We lament the hour
when it all began,
when the first shot was fired.

We lament the sixty-three days
and sixty-three nights
of battle. And the hour
when everything ended.

When the place where a million people had lived
became the emptiness of a million people.

CZEKAM TRZYDZIEŚCI LAT

Miał chyba dwa metry ten młody drągal,
ten wesoły robotnik z Powiśla,
co bił się
w piekle na Zielnej, w gmachu telefonów.
Gdy przewijałam mu
poszarpaną nogę,
krzywił się, śmiał się.

– Jak się skończy wojna,
pójdziemy potańczyć, panienko.
Ja stawiam.

Czekam na niego
trzydzieści lat.

WAITING THIRTY YEARS

He must've been six feet five, that young beanpole,
cheerful laborer from Powiśle,
who fought
in a hell at Zielna Street, in the telephone
    company headquarters.
When I was re-bandaging
his torn-up leg,
he winced and smiled.

"When the war ends
we'll go dancing, little miss.
I'm buying."

I've been waiting for him
for thirty years.

PIERWSZY MADRYGAŁ

Ta noc miłosna
była czysta
jak starodawny instrument muzyczny
i powietrze
wokół niego.

Była bogata
jak uroczystość koronacyjna.
Była cielesna
jak brzuch rodzącej
i uduchowiona
jak liczba.

Była tylko chwilą życia,
a chciała zostać wnioskiem z życia.
Umierając
chciała poznać zasadę świata.

Ta noc miłosna
miała ambicje.

FIRST MADRIGAL

That first night of love
was pure
like an old musical instrument
and the air
that surrounded it.

It was rich
like a coronation ceremony.
It was fleshy
like the stomach of a woman in labor
and spiritual
like a number.

It was only a moment of life,
though it wanted to be a conclusion.
By dying
it wanted to understand the mystery of the world.

That night of love
had ambitions.

DRUGI MADRYGAŁ

Noc miłosna
wykwintna jak
starowenecki koncert
na wykwintnych instrumentach.
Zdrowa jak
pośladek małego anioła.
Mądra jak
mrowisko.
Jaskrawa jak
powietrze w dmącej trąbie.
Obfita jak
królowanie na dwu tronach
odlanych ze złota
murzyńskiej pary królewskiej.

Noc miłosna z tobą,
wielka bitwa barokowa
i dwa zwycięstwa.

SECOND MADRIGAL

A night of love
exquisite
like a concert in Old Venice
played on exquisite instruments.
Healthy
like the buttock of a little angel.
Wise
like an anthill.
Glaring
like air in a trumpet.
Abundant
like the reign of a Negro couple
seated on two thrones
made of gold.

A night of love with you—
a big baroque battle
and two victories.

PIORĘ KOSZULĘ

Ostatni raz piorę koszulę
mojego ojca, który umarł.
Koszulę czuć potem, pamiętam
ten pot od dziecka,
tyle lat
prałam mu koszule i kalesony,
suszyłam
przy piecyku żelaznym w pracowni,
kładł je
bez prasowania.

Ze wszystkich ciał na świecie,
zwierzęcych, ludzkich,
tylko jedno wydzielało ten pot.
Wdycham go
po raz ostatni. Piorąc tę koszulę
niszczę go
na zawsze.
Teraz
pozostaną po nim już tylko obrazy,
które czuć farbą.

I WASH THE SHIRT

For the last time I wash the shirt
of my dead father.
The shirt smells of sweat; I remember
this smell from childhood.
It was I who washed his shirts and underwear
for so many years,
dried them
at the iron stove in his workshop.
He put them on unironed.

Of all the bodies in the world—
animal, human—
only one secreted this sweat.
I inhale it
for the last time. Washing this shirt
I destroy it
for good.
Now
he'll be survived only by images
that smell of paint.

BIŁAM GŁOWĄ O ŚCIANĘ

Będąc dzieckiem
kładłam palec w ogień, żeby
zostać świętą.

Będąc podlotkiem
biłam co dzień głową o ścianę.

Będąc dziewczyną
weszłam przez okno mansardy
na dach,
żeby skoczyć.

Będąc kobietą
miałam wszy na ciele.
Trzaskały,
kiedy prasowałam sweter.

Czekałam na rozstrzelanie
sześćdziesiąt minut.
Byłam głodna
sześć lat.

Potem urodziłam dziecko,
krajali mnie
bez usypiania.

I BANGED MY HEAD AGAINST THE WALL

As a child
I stuck my finger in the fire
to be a saint.

As a teenager
I banged my head against a wall every day.

As a girl
I climbed from the attic window
onto the roof
in order to jump.

As a woman
I had lice.
They cracked
when I ironed my sweater.

I waited an hour
before a firing squad.
I went hungry
for six years.

Then, when I gave birth to a child,
they cut me open
without anesthesia.

Potem trzy razy
zabił mnie piorun
i musiałam zmartwychwstać trzy razy
bez niczyjej pomocy.

Teraz odpoczywam
po trzech zmartwychwstaniach.

Then I was killed
by lightning three times,
and I had to be resurrected three times
without anybody's help.

Now I am resting
after three resurrections.

SPOTKANIE AUTORSKIE

Leżę skulona w kłębek
jak pies,
któremu zimno.

Kto mi powie,
po co się urodziłam,
po co istnieje potworność
zwana życiem.

Nagle telefon. Mam iść
na spotkanie autorskie.

Wchodzę.
Stu ludzi, dwieście oczu.
Patrzą. Czekają.
Wiem na co.

Mam im powiedzieć,
po co się urodzili,
po co istnieje
potworność zwana życiem.

POETRY READING

I'm lying curled up
like a dog
that's cold.

Who will tell me
why I was born,
why there exists this monstrosity
called life.

Suddenly, the phone rings.
I'm to give a poetry reading.

I show up.
A hundred people, two hundred eyes.
They watch. Wait.
I know what for.

I'm to tell them
why they were born,
why this monstrosity called
life exists.

JUTRO BĘDĄ MNIE KRAJAĆ

Przyszła i stanęła przy mnie.
Powiedziałam: Jestem gotowa.
Leżę w klinice chirurgicznej w Krakowie,
jutro
będą mnie krajać.

Jest we mnie wiele siły. Mogę żyć,
mogę biegać, tańczyć i śpiewać.
To wszystko jest we mnie, ale jeśli trzeba,
odejdę.

Dzisiaj
robię rachunek z życia.
Byłam grzesznicą,
biłam głową o ziemię,
prosiłam o przebaczenie
ziemię i niebo.

Byłam piękna i szpetna,
mądra i głupia,
bardzo szczęśliwa i bardzo nieszczęśliwa,
często miałam skrzydła
i pływałam w powietrzu.

TOMORROW THEY'LL CUT ME OPEN

She came and stood beside me.
I said: I'm ready.
I'm bedridden in the surgical clinic in Kraków.
Tomorrow
they'll cut me open.

I have many powers in me. I can live,
I can run, dance and sing.
All of that is in me, but if need be,
I'll walk away.

Today
I take stock of my life.
I was a sinner,
I banged my head on the ground,
I asked for forgiveness
from earth and sky.

I was beautiful and hideous,
wise and stupid,
very happy and very unhappy,
oftentimes I had wings
and I sailed through the air.

Zdeptałam tysiąc ścieżek w słońcu i w śniegu,
tańczyłam z przyjacielem pod gwiazdami.
Widziałam miłość
w wielu oczach człowieczych.
Zajadałam z zachwytem
swoją kromkę szczęścia.

Teraz leżę w klinice chirurgicznej w Krakowie,
ona stoi przy mnie.
Jutro
będą mnie krajać.
Za oknem majowe drzewa piękne jak życie,
a we mnie jest pokora, lęk i spokój.

I trampled thousands of trails in the sun and in snow,
I danced with a friend under the stars.
I saw love
in many human eyes.
I ate with admiration
my slice of happiness.

Now I'm bedridden in the surgical clinic in Kraków,
and she stands beside me.
Tomorrow
they'll cut me open.
Outside the window are May trees beautiful with life,
and in me are humility, fear and peace.

Acknowledgments

Grateful acknowledgment is made to the editors and publishers of the following journals in which these poems first appeared:

Little Star:
"The Last Polish Uprising," "The Rats Remain," "Thoughts of a Fourteen-year-old Nurse"

Poetry International:
"A Woman Said to her Neighbor," "Said the Major," "I'm Afraid of Fire," "Waiting Thirty Years," "First Madrigal," "Second Madrigal," "I Banged My Head Against the Wall," "Poetry Reading"

These translations of Swir's poems would never have been attempted if it weren't for the support and encouragement of my fellow members of Calypso Editions. Additionally, I'm greatly indebted to Ilya Kaminsky and Elizabeth Myhr for their editorial brilliance.

Special thanks to Sandra Alcosser, Josiah Bancroft, Jericho Brown, Katie Ford, Edward Hirsch, Agnieszka Kuźniar, Piotr Mierzwa, Kevin Wisniewski, and the daughter of Anna Swir, Ms. Ludmiła Adamska-Orłowska.

Piotr Florczyk
Los Angeles, CA

About the Author

Born in 1909 in Warsaw, Poland, Anna Swir (Świrszczyńska) is widely considered to be one of Poland's most distinguished poets. Profoundly marked by World War II, especially the Warsaw Uprising of 1944, during which she volunteered as a nurse, Swir explores in her poems the joys and horrors of human nature and the female body. She died in Kraków in 1984.

About the Translator

Piotr Florczyk is editor and translator of *Been and Gone: Poems of Julian Kornhauser* (Marick Press, 2009). Piotr and his wife Dena live in Los Angeles.

About Calypso Editions

Calypso Editions is an artist-run, cooperative press dedicated to publishing quality literary books of poetry and fiction with a global perspective. We believe that literature is essential to building an international community of readers and writers and that books can serve as physical artifacts of beauty and wonder in a world of digital saturation.

We'd love to hear from you. Contact us at
info@CalypsoEditions.org.

Also available from

CALYPSO EDITIONS

HOW MUCH LAND DOES A MAN NEED
by Leo Tolstoy
Translated by Boris Dralyuk

ISBN-10: 0-9830999-0-1
ISBN-13: 978-0-9830999-0-1

Praise for *How Much Land Does a Man Need* and Calypso Editions

> *We should be grateful to Calypso, a new press run collaboratively by writers and translators, for this excellent edition of a small but important work.*
>
> —TADZIO KOELB, *THE TIMES LITERARY SUPPLEMENT*

> *Kudos . . . to Calypso Editions for bringing out a fresh translation, by Boris Dralyuk, of Tolstoy's brief but devastating tale,* How Much Land Does a Man Need. *It portrays compellingly a truth at the heart of all major religions: the frailty of man and the transitoriness of so much that he values.*
>
> —MICHAEL POTEMRA, *NATIONAL REVIEW ONLINE*

> *Calypso Editions looks like a press worth paying attention to.*
>
> —CHAD W. POST, *THREE PERCENT*

Get your copy at www.CalypsoEditions.org